& Mousses
Schäume

MOUSSES & SCHÄUME

42 kreative Rezeptideen mit dem Sahnesiphon

Martin Dittrich ■ Sabrina Glasmacher ■ Hrsg. Jürgen Märkisch

UMSCHAU

INHALTSVERZEICHNIS

VORWORT

Als der spanische Sternekoch Ferran Adrià – der Vater der Molekularküche – vor mehr als 15 Jahren damit begann, mit handelsüblichen „Sahnespendern" völlig neue Kreationen und Geschmackserlebnisse zu erzeugen, schuf er auch eine neue Kochtechnik, die mittlerweile ihren festen Platz in der Gastronomie gefunden hat.

Heute werden Sahnegeräte nicht mehr nur zum Aufschäumen von Sahne, sondern zur Zubereitung von Vorspeisen, Desserts, Cocktails, kalten und warmen Saucen und vielem mehr verwendet. Sie sind zu einem Multifunktionswerkzeug geworden, das in jede Küche gehört.

Die Zubereitung in den Siphons geht nicht nur schnell und unkompliziert, durch das Aufschäumen werden die fertigen Speisen auch leichter und – aufgrund der größeren Oberfläche der Schäume – geschmacksintensiver. Zahlreiche Gastronomen und Spitzenköche in der ganzen Welt haben die Vorteile bereits für sich entdeckt.

Eine Auswahl dieser Rezepte haben wir für Sie in diesem Buch zusammengestellt. Zaubern auch Sie mit einem „Sahnegerät" köstliche Snacks und Vorspeisen, kreative Hauptgerichte und delikate Dips und Saucen. Oder verwöhnen Sie sich und Ihre Gäste mit unseren überraschenden Partyhighlights, raffinierten Desserts und fantasievollen Cocktails und Getränken.

Jürgen Märkisch

FUNKTIONSWEISE DES SAHNESIPHONS

Die Technik der Sahnesiphons ist innovativ, schnell und einfach. Egal ob Sie als Profikoch in der Gastronomie arbeiten oder als Hobbykoch ihre Gäste begeistern möchten – mit einem Sahnesiphon sind Cremes, Saucen, Suppen, Desserts, Cocktails und Fingerfood-Kreationen im Handumdrehen hergestellt. Dabei können sämtliche Zutaten verwendet werden, die flüssig oder fest sind, roh oder gekocht, warm oder kalt. Die Zutaten müssen nur immer fein püriert und passiert werden, damit das Ventil im Sprühkopf des Siphons nicht verstopft.

Je nachdem welche Zutaten verwendet werden, welches Bindemittel hinzugefügt und wie lange der Inhalt gekühlt wird, entsteht eine feste Mousse, eine lockere Creme oder eine eher flüssige Konsistenz für Saucen, Suppen oder Getränke. Dabei können die Schäume kalt oder warm hergestellt und serviert werden, je nachdem ob die Zutaten erwärmt und zum Binden gekühlt werden müssen, warm bleiben oder direkt kalt genutzt werden sollen.

Der Siphon stellt ein in sich geschlossenes System dar, welches aus folgenden Teilen besteht: ▪ ein Flaschenkörper für 0,25, 0,5 oder 1 Liter Inhalt ▪ ein Flaschenkopf mit Kolben und Kopfdichtung ▪ ein Kapselhalter zum Aufschrauben der N_2O-Kapseln ▪ eine oder mehrere Garniertüllen. Liss Professional Geräte enthalten z. B. eine Edelstahl- sowie zwei Kunststofftüllen.

Für alle Rezepte in diesem Buch werden N_2O-Sahnekapseln zum Aufschäumen verwendet. Alle Siphons können mit warmen und kalten Massen befüllt werden. Möchte man den Inhalt des Siphons erwärmen, muss dieser bis max. 75 °C in ein Wasserbad oder in eine Bain Marie gestellt werden. Mittlerweile sind bei den Profigeräten alle Teile spülmaschinenfest, daher ist die Reinigung sehr einfach.

WICHTIGE TIPPS

■ Nach jedem Eindrehen der Sahnekapsel(n) sollte der Siphon vier- bis fünfmal kräftig senkrecht geschüttelt werden, damit sich der Inhalt mit dem Gas vermischen kann. Durch das Schütteln wird die Konsistenz des Inhalts beeinflusst; ist diese noch zu flüssig, bitte nachschütteln.

■ Bei 0,25- und 0,5-Liter-Siphons wird eine Sahnekapsel verwendet, bei 1,0-Liter-Geräten generell zwei Sahnekapseln.

■ Vor dem Garnieren den Siphon mit dem Kopf kräftig nach unten schütteln, um die Inhaltsmasse zum Kopf des Gerätes zu bringen. Wenn sich der Inhalt noch am Boden des Flaschenkörpers befindet, wird nur das N_2O ausgesprüht.

■ Vor jedem Anrichten sollte man zur Probe in ein hohes Gefäß sprühen, um die Konsistenz zu prüfen und ggf. die eigene Sprühgeschwindigkeit zu testen.

■ Damit der Kolben im Siphonkopf nicht verstopft, ist es sehr wichtig, dass keine festen, groben Bestandteile mehr in der Masse sind. Die Zutaten immer sehr fein pürieren und durch ein Haarsieb streichen. Falls der Kopf doch einmal verstopfen sollte, das Gerät abstellen und warten, bis sich der Inhalt auf dem Flaschenboden befindet. Anschließend den Gerätekopf mit einem Küchentuch bedecken und den Hebel mehrfach drücken, bis das Gas vollständig entwichen ist. Wenn kein Druck mehr enthalten ist, kann der Kopf abgedreht werden. Bitte versuchen Sie niemals den Kopf mit Gewalt zu öffnen, da sich durch den enormen Druck einzelne Teile lösen und schwere Verletzungen verursachen können.

■ In den jeweiligen Flaschenkörper passt mehr hinein als angegeben ist. Man sollte die Menge von 0,25, 0,5 oder 1,0 Liter jedoch nicht überschreiten, da zum flüssigen Inhalt auch noch das N_2O mit in den Flaschenkörper passen muss.

Formschön und abwechslungsreich serviert werden Mousses und Schäume zum Hingucker.

BINDEMITTEL

Ein Schaum besteht in der Definition aus gasförmigen Bläschen, die bei Lebensmittelschäumen von flüssigen „Wänden" eingeschlossen werden. Praktisch heißt das, dass die eingeschlagene Luft (z. B. mit einem Schneebesen) festgehalten wird. Je mehr Luft eingeschlagen und festgehalten wird, desto kompakter wird der Schaum.

Da aber nicht alle Lebensmittel über natürliche Emulgatoren, die eine Schaumbildung ermöglichen, verfügen, müssen andere Stoffe mit hinzugefügt werden. In den Rezepten dieses Buches werden Folgende genutzt:

■ EIWEISS

Bei Eischnee funktioniert die Schaumbildung aufgrund der im Eiweiß enthaltenen Proteine, die einen wasserabstoßenden und einen wasseranziehenden Anteil besitzen. Beim Einbringen der Luft lagern sich die Proteine in der Grenzschicht zwischen der Luft und dem Wasseranteil des Eiweiß' an, sodass die Luft festgehalten wird. Der Schaum entsteht aus einer zuvor flüssigen Masse.

■ EIGELB

Eigelb enthält unter anderem Lecithin, welches das Vermischen (Emulgieren) von Wasser und Fett ermöglicht. Genauso wie zur Mayonnaise-Herstellung verwendet man es hier zur Bindung, wodurch die eingebrachte Luft festgehalten wird.

■ SAHNE

Gebrauchsfertige Schlagsahne aus dem Einzelhandel enthält bereits den Stabilisator Carrageen (E 407), der eine Sammelbezeichnung für eine Gruppe langkettiger Kohlenhydrate ist, die aus diversen Rotalgenarten gewonnen werden. Das Carrageen stabilisiert in Verbindung mit dem in der Sahne enthaltenen Kalzium die Schaumbildung. Generell enthält Schlagsahne in Deutschland mindestens 30 % Fett, an dessen Oberfläche Eiweißmoleküle vorhanden sind, die an den untergeschlagenen Luftbläschen haften bleiben, und so ein immer feiner werdendes dreidimensionales Netz ausbilden, um eine Schaumbildung zu ermöglichen.

■ GELATINE

Das geschmacksneutrale tierische Eiweiß bzw. das hydrolisierte Kollagen, aus dem Gelatineplatten, -pulver und Sofortgelatine hergestellt werden, stammt überwiegend aus dem Bindegewebe von Rindern und Schweinen. Gelatine gehört zu den in Wasser löslichen Proteinen, die sich bei ca. 50 °C auflösen und durch Abkühlen ein Gel ausbilden. Durch Wiedererwärmung wird dieser Prozess rückgängig gemacht, bei zu hoher Hitze verliert Gelatine ihre Gelbildungskraft.

■ CENTHAZOON

Centhazoon ist eine universelle und geschmacksneutrale Mischung aus unter anderem Xanthan und Methyl-Cellulose, das eine schnelle und einfache Schaumbildung ermöglicht. Cellulose besteht aus natürlichen Pflanzenfasern, Xanthan wird durch einen Fermentierungsprozess aus Bakterien gewonnen. Beide Stoffe unterstützen die Stabilität des Schaumes, das Xanthan verhindert zudem den vorzeitigen Wasseraustritt (Synärese). Für Vegetarier und Veganer kann Centhazoon auch als Ersatz für Gelatine dienen. Dabei sollten die Nutzungsangaben des Herstellers auf der Verpackung beachtet werden, da die Mengenangaben nicht ohne Weiteres übertragbar sind.

Der in den Rezepten dieses Buches verwendete Löffel zum Dosieren des Centhazoons fasst 0,3 Gramm.

■ Egal welche Flüssigkeit geschäumt werden soll, bevor die Masse in den Siphon gegeben werden kann, muss sie sehr fein passiert werden, damit keine groben Partikel den Sprühkopf verstopfen. Dies kann mit einem feinen Sieb direkt über dem Siphon (ggf. direkt zusammen mit einem Trichteraufsatz) oder einem Passiertuch vor dem Einfüllen in den Siphon durchgeführt werden.

■ Nach dem Befüllen muss der Sprühkopf inklusive runder Gummidichtung im Inneren fest mit dem Flaschenkörper verschraubt werden.

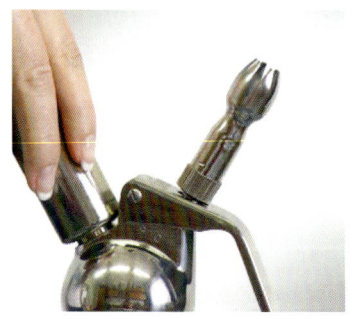

■ Nun kann bei einem 0,25 bzw. 0,5 Liter Siphon eine Kapsel eingedreht werden. Bei einem 1-Liter Gerät benötigt man zwei Kapseln.

So nutzen Sie Ihren Siphon richtig!

■ Vor dem Aufsprühen muss der Siphon mit dem Kopf nach unten einmal kräftig geschüttelt werden , sodass sich der Inhalt vor das Aussprühventil setzt. Den Siphon mit dem Kopf nach unten halten, den Hebel langsam drücken, um die richtige Sprühgeschwindigkeit für den Schaum zu bestimmen. Falls der Schaum noch nicht die richtige Konsistenz hat, muss das Schütteln wiederholt werden.

■ Warme Saucen bzw. Schäume können im Wasserbad wiedererwärmt bzw. warm gehalten werden. Dazu den Siphon ca. 10–15 Minuten in ein Wasserbad mit max. 75 °C stellen.

■ Wenn der gesamte Inhalt aufgesprüht wurde, muss ggf. noch enthaltenes N_2O heraus gelassen werden. Dazu den Siphon mit dem Kopf nach oben stellen, damit ein noch möglicher Restinhalt auf den Boden sinken kann, und nur das Gas durch Betätigung des Hebels austreten kann. Falls der Kopf nicht abgedreht werden kann, ist der Druck im Inneren noch zu hoch und weiteres Gas muss durch Sprühen entfernt werden. Je nach Hersteller gelten andere Reinigungshinweise.

SNACKS & VORSPEISEN

KÄSESCHAUM AUF CRACKERN

ZUTATEN:

200 g Sahne ▪ 100 ml Milch ▪ 5 Scheiben Chester-Käse ▪ 1 Prise Salz ▪ 15 gestr. kleine Dosierlöffel Centhazoon (ca. 4,5 g) ▪ 40 Cracker

ZUBEHÖR:

Sahnesiphon (0,5 l) und 1 Sahnekapsel

ZUBEREITUNG:

Die Sahne zusammen mit der Milch in einen Topf geben und bei mittlerer Hitze aufkochen. Dann die Chesterscheiben unter ständigem Rühren nach und nach in der heißen Mischung schmelzen. Nach Belieben mit etwas Salz würzen.

Centhazoon hinzugeben, gut umrühren, einmal aufkochen lassen und in den Sahnesiphon füllen. Verschließen, die Kapsel eindrehen und gut schütteln. Zum Abkühlen in einen Becher mit kaltem Wasser stellen. Nach 5–10 Minuten auf die Cracker sprühen und servieren.

Tipp: Sind die Cracker sehr salzig, sollte der Mischung beim Zubereiten kein weiteres Salz zugegeben werden.

SENFSCHAUM ZUR WEISSWURST

ZUTATEN:

40 g Butter ▪ 1 TL Zucker ▪ 1 TL mittelscharfer oder scharfer Senf ▪ 1 EL süßer Senf ▪ 12 gestr. kleine Dosierlöffel Centhazoon (ca. 3,6 g) ▪ 10 Weißwürste ▪ Salz, Pfeffer

ZUBEHÖR:

Passiertuch ▪ Sahnesiphon (0,5 l) und 1 Sahnekapsel

ZUBEREITUNG:

Butter mit 250 Millilitern Wasser, Zucker und Senf in einem Topf unter ständigem Rühren erhitzen. Mit Salz und Pfeffer abschmecken.

Centhazoon mit einem elektrischen Rührstab einrühren, dann die Flüssigkeit durch ein Passiertuch bzw. Sieb geben, anschließend in den Sahnesiphon füllen, diesen verschließen und die Kapsel einsetzen. In einem Becher mit kaltem Wasser abkühlen lassen.

Die Weißwürste in heißem Wasser ziehen lassen, danach in Scheiben schneiden und auf dem Teller anrichten. Den Senfschaum daneben aufsprühen.

Tipp: Der Senfschaum passt auch hervorragend zu Frikadellen und gegrillten Rostbratwürstchen. In eine kleine Schüssel ausgesprüht und mit je 1 Esslöffel Röstzwiebeln und Tomatenketchup gemischt wird daraus auch eine leckere Sauce für Hamburger.

TROPIC-GARLIC-SCHAUM

ZUTATEN:

2 Blatt Gelatine ▪ 2 Knoblauchzehen ▪ 250 ml Ananassaft ▪ 2 EL Austernsauce ▪ 2 EL Sojasauce ▪ ½ TL Fünf-Gewürze-Pulver ▪ 1 EL heller Essig ▪ 1 EL Zucker ▪ 150 ml Gemüsebrühe ▪ 1 EL Stärke

ZUBEHÖR:

Haarsieb ▪ Sahnesiphon (0,5 l) und 1 Sahnekapsel

ZUBEREITUNG:

Die Gelatine für 10 Minuten in kaltem Wasser einweichen. Den Knoblauch schälen und fein hacken. Mit den restlichen Zutaten in einer Schüssel mischen und für 30 Minuten abgedeckt ziehen lassen.

Die Mischung durch ein Sieb geben, die Gelatine in einem Topf unter Rühren erwärmen und in ein wenig Tropic-Garlic-Mischung auflösen. Unter die übrige Masse rühren, alles in den Siphon füllen, Kopf aufschrauben und eine Kapsel einsetzen.

Den Siphon für mindestens 5 Stunden im Kühlschrank kalt stellen, nach 1 Stunde aber noch einmal gründlich schütteln, um den Inhalt zu vermischen. Siphon vor dem Servieren mehrmals kräftig schütteln und den Tropic-Garlic-Schaum erst unmittelbar vor dem Servieren aufsprühen.

Tipp: Der Schaum ist der perfekte Begleiter zu diversen Sushi-Arten. Schärfer wird's durch 1 Teelöffel Wasabi.

RÄUCHERLACHS MIT SAHNE MEERRETTICH-MOUSSE

ZUTATEN:

100 g Sahne-Meerrettich ▪ 300 g Sahne ▪ 15 gestr. kleine Centhazoon (ca. 4,5 g) ▪ 500 g Räucherlachs in Scheiben ▪ Salz, Pfeffer

ZUBEHÖR:

Haarsieb (ca. 1 mm Maschenweite) ▪ Sahnesiphon (0,5 l) und 1 Sahnekapsel ▪ Spieße

ZUBEREITUNG:

Sahne-Meerrettich mit Schlagsahne in einem Topf unter ständigem Rühren zum Kochen bringen und mit Salz und Pfeffer nach Belieben abschmecken. Die heiße Mischung durch das Sieb passieren, Centhazoon hinzugeben und mit dem Rührstab vermischen. In einen Sahnesiphon füllen, fest verschließen und mit einer Kapsel beladen. Gut schütteln. Die Räucherlachsscheiben zusammenlegen und mit je einem Spieß fixieren. Auf Tellern anrichten, die Meerrettichmousse danebensprühen und servieren.

Tipp: Eine leckere Variante ist die Kombination aus Reibekuchen, Räucherlachs und der Sahne-Meerrettich-Mousse: Dazu einfach aus den Reibekuchen und dem Räucherlachs kleine Scheiben ausstechen, mit der Mousse und gehackter Petersilie garnieren. Toll für das Fingerfood-Buffet! Die Sahne-Meerrettich-Mousse passt auch zu gegarten Seeteufelröllchen.

CAMEMBERTSCHAUM AUF TOAST

ZUTATEN:

1 Blatt Gelatine ▪ ½ Zwiebel ▪ 1 TL Olivenöl ▪ 300 g Sahne ▪ 150 g reifer Camembert ▪
6 Scheiben Toastbrot ▪ 1 kleines Glas Preiselbeermarmelade ▪ 1 Prise Zucker ▪
Salz, Pfeffer

ZUBEHÖR:

Haarsieb ▪ Sahnesiphon (0,5 l) und 1 Sahnekapsel ▪ Plätzchenausstecher nach Wahl

ZUBEREITUNG:

Die Gelatine für 10 Minuten in kaltem Wasser einweichen. Die Zwiebel schälen, fein hacken
und in einem Topf in etwas Olivenöl anschwitzen. Die Sahne hinzufügen und unter Rühren erwärmen. Den Camembert in kleine Stücke schneiden, den Topf vom Herd nehmen und
den Camembert darin schmelzen lassen. Mit Salz, Pfeffer und Zucker abschmecken.
Die Mischung durch ein Sieb geben, die Gelatine unter Rühren zu der heißen Masse geben
und anschließend alles in den Siphon füllen. Verschließen und mit einer Kapsel aufschäumen. Siphon mehrmals gründlich schütteln, um den Inhalt zu vermischen.
Kurz vor dem Servieren die Toastbrotscheiben hellbraun toasten, kurz abkühlen lassen,
dann mit einem Plätzchenausstecher aus jeder Brotscheibe vier Formen stechen. Mit der
Preiselbeermarmelade bestreichen, auf einen Servierteller legen, den Siphon nochmals
kräftig schütteln und abschließend den Camembertschaum aufsprühen.

Tipp: Als warme Fingerfoodvariante kann man auch Rinderfilet medium anbraten, salzen
und pfeffern, in passende Stücke schneiden und lauwarm abkühlen lassen. Dann Preiselbeermarmelade aufstreichen und mit dem Camembertschaum garnieren.

TOMATENSUPPE MIT BASILIKUMCREME

ZUTATEN:

12 Basilikumblätter ▪ 50 ml stilles Mineralwasser ▪ 200 g Sahne ▪ 12 gestr. kleine Dosierlöffel Centhazoon (ca. 3,6 g) ▪ 1 Knoblauchzehe ▪ 500 g passierte Tomaten ▪ 1 TL dunkler Balsamico ▪ 1 TL Zucker ▪ ½ TL Speisestärke ▪ Salz, Pfeffer

ZUBEHÖR:

Passiertuch oder Haarsieb ▪ Sahnesiphon (0,5 l) und 1 Sahnekapsel

ZUBEREITUNG:

Das Basilikum klein zupfen und mit dem Mineralwasser in einem Topf mithilfe des elektrischen Rührstabs fein pürieren. Sahne und Centhazoon hinzugeben, umrühren und einmal aufkochen lassen. Die Flüssigkeit durch ein Passiertuch bzw. durch ein Haarsieb geben. Die Flüssigkeit in den Sahnesiphon füllen, diesen verschließen und die Kapsel einsetzen. Den Siphon in kaltem Wasser abkühlen lassen.

Den Knoblauch schälen und fein hacken. Die passierten Tomaten zusammen mit dem Knoblauch, dem Balsamico, Zucker, Salz und Pfeffer in einen Topf geben und aufkochen lassen. Die Speisestärke mit etwas Wasser verrühren, in die Suppe geben und bei mittlerer Hitze 10 Minuten köcheln lassen.

Die heiße Tomatensuppe in kleine Suppenschälchen füllen, etwas Basilikumcreme aufsprühen und sofort servieren.

Tipp: Die Basilikumcreme als Haube für Tomaten-Mozzarella-Türmchen nutzen: jeweils zwei Mozzarella- und Tomatenscheiben abwechselnd aufeinanderschichten, mit Salz und Pfeffer würzen, einen Klecks dunklen Balsamico oben daraufgeben und mit der Basilikumcreme abschließen.

HAUPTSPEISEN & KLEINE GERICHTE

PARMESANSCHAUM MIT SCHWARZEN SPAGHETTI

ZUTATEN:

1 kleine Zwiebel ▪ 1 Knoblauchzehe ▪ 1 TL Olivenöl ▪ 300 g Sahne ▪ 50 ml Weißwein ▪
150 g Parmesan ▪ 1 Prise Muskatnuss ▪ 750 g schwarze Spaghetti ▪ Salz, weißer Pfeffer

ZUBEHÖR:

Haarsieb ▪ Sahnesiphon (0,5 l) und 1 Sahnekapsel

ZUBEREITUNG:

Zwiebel und Knoblauch schälen und fein würfeln. Das Olivenöl in einem Topf erhitzen und
die Zwiebelwürfel darin glasig dünsten, Knoblauch dazugeben und kurz mitdünsten. Mit
Sahne und Weißwein aufgießen. Den Parmesan hobeln und in der heißen Masse schmelzen.
Mit den Gewürzen nach Belieben abschmecken.

Die Mischung durch ein Haarsieb streichen, dann in den Sahnesiphon füllen. Eine Kapsel
eindrehen, den Siphon 15- bis 20-mal schütteln und bei etwa 60 °C warm halten.

Spaghetti nach Packungsangaben kochen und mit dem warmen Schaum besprüht servieren.

Tipp: Ist der Schaum nicht schaumig genug, noch einmal schütteln, bis die gewünschte Konsistenz erreicht wird. Gegebenenfalls kann der Schaum auch noch zu warm sein, dann noch
etwas abkühlen lassen. Da es aber eine geschäumte, warme Sauce sein soll, wird keine feste Stabilität erreicht.

GEFÜLLTE NUDELN MIT TOMATENSCHAUM

ZUTATEN:

8 mittelgroße Tomaten ▪ 6 Basilikumblätter ▪ 2 Knoblauchzehen ▪ 3–4 Spritzer Chilisauce ▪
12 gestr. kleine Dosierlöffel Centhazoon (ca. 3,6 g) ▪ 1 Zwiebel ▪ 1 Karotte ▪ 1 rote
Chilischote ▪ 250 g Hackfleisch ▪ 1 EL Olivenöl ▪ 1 rote Paprika ▪ 12 Cannelloni ▪
200 g geriebenen Emmentaler ▪ Salz, roter Pfeffer

ZUBEHÖR:

Passiertuch ▪ Sahnesiphon (0,5 l) und 1 Sahnekapsel

ZUBEREITUNG:

Tomaten und Basilikum klein schneiden, in einen Topf geben und mit einem elektrischen
Rührstab fein pürieren (sollte etwa 200 Gramm Püree ergeben). Eine der Knoblauchzehen
schälen und fein würfeln. 100 Milliliter Wasser, Knoblauch und nach Geschmack Salz, Pfeffer und Chilisauce untermischen. Centhazoon dazugeben und unter ständigem Rühren kurz
aufkochen. Die Tomatensauce durch das Passiertuch geben, in den Sahnesiphon füllen, verschließen und die Kapsel eindrehen.
Die Zwiebel und die Karotte schälen und fein würfeln. Die Chilischote ebenfalls fein hacken.
Hackfleisch in einer Pfanne in Öl mit Zwiebeln, Karotten und Chilis anbraten. Paprika waschen, vierteln, entkernen und grob hacken. Die übrige Knoblauchzehe ebenfalls schälen
und grob hacken. Beides mit dem elektrischen Rührstab fein pürieren. Das Paprikapüree zu
dem angebratenen Hackfleisch in die Pfanne geben, nach Geschmack salzen und pfeffern
und etwa 5 Minuten kochen lassen, bis alles eine grob viskose Konsistenz hat. Den Käse
klein würfeln und mit dem abgekühlten Hackfleisch mischen.

Den Backofen auf 180 °C vorheizen. Cannelloni in kochendes Salzwasser geben und etwa 5 Minuten garen. Dann abgießen und mit kaltem Wasser abschrecken. Die fertigen Cannelloni vorsichtig mit dem Hackfleisch füllen, auf ein mit Backpapier ausgelegtes Backblech setzen und mit etwas geriebenem Käse bestreuen. Im Backofen etwa 20 Minuten backen. Auf einem Teller anrichten und direkt vor dem Servieren mit dem Tomatenschaum garnieren.

HACKFLEISCH MIT LAUCH & FRISCHKÄSEMOUSSE

Ergibt 8–10 Portionen (je nach Größe des Glases)

ZUTATEN:

500 g Lauch ▪ Butter zum Andünsten ▪ 500 ml Rinderbouillon ▪ 15 gestr. kleine Dosierlöffel Centhazoon (ca. 4,5 g) ▪ 200 g Frischkäse ▪ 300 g Hackfleisch ▪ 1-2 EL Olivenöl ▪ 1 kleine Knoblauchzehe ▪ ½ rote Chilischote ▪ Paprikapulver ▪ Salz, Pfeffer

ZUBEHÖR:

Passiertuch ▪ Sahnesiphon (0,5 l) und 1 Sahnekapsel ▪ 8–10 Gläser

ZUBEREITUNG:

Lauchstangen waschen, jeweils das obere und untere Ende entfernen, den Rest in feine Ringe schneiden. Eine Handvoll davon zur späteren Dekoration des Hackfleischs beiseitelegen. Die Lauchringe in etwas Butter in der Pfanne andünsten. 300 Milliliter der Bouillon hinzugeben, alles kurz zusammen köcheln lassen und mit dem elektrischen Rührstab pürieren. Mit 6 kleinen gestr. Dosierlöffeln Centhazoon andicken, verrühren und kurz aufkochen. Die Masse dann erkalten lassen.

Die übrige Rinderbouillon durch ein Passiertuch in einen kleinen Topf geben, sodass eine klare Bouillon übrig bleibt. Diese mit dem Frischkäse und dem übrigen Centhazoon verrühren und aufkochen. Nach Geschmack mit Salz und Pfeffer würzen. Die Flüssigkeit in einen Sahnesiphon geben, verschließen und die Kapsel eindrehen. In einem Becher mit kaltem Wasser abkühlen lassen.

Hackfleisch mit Salz und Paprikapulver würzen. Den Knoblauch schälen, fein hacken und hinzugeben. Alles in einer Pfanne in heißem Öl anbraten. Einige der Lauchringe mit der Chili klein schneiden und dazugeben. Umrühren und 5–7 Minuten weiterbraten.

Hackfleisch-Lauch-Mischung etwa bis zur Hälfte in breite Gläser füllen. Eine Schicht Lauch-

creme daraufgeben. Sollte die Creme bereits etwas zu kalt sein, einfach alles zusammen noch einmal in der Mikrowelle erhitzen. Abschließend die Frischkäsemousse darübergeben.

PUTENSTEAK MIT PFEFFERSCHAUM

Ergibt 6 Portionen

ZUTATEN:

½ TL gemahlener roter Pfeffer ▪ ¼ TL gemahlener schwarzer Pfeffer ▪ 50 ml natives Olivenöl ▪ 250 ml Mineralwasser ▪ 9 gestr. kleine Dosierlöffel Centhazoon (ca. 2,7 g) ▪ 6 Puten-steaks à 150–200 g ▪ 1 EL Öl ▪ Salz, Pfeffer

ZUBEHÖR:

Haarsieb ▪ Sahnesiphon (0,5 l) und 1 Sahnekapsel

ZUBEREITUNG:

Roten und schwarzen Pfeffer sowie das Olivenöl mit einem elektrischen Rührstab mixen. Mineralwasser und Salz nach Belieben einrühren, Centhazoon hinzugeben und nochmals gut verrühren. Durch ein Haarsieb passieren und in einen Sahnesiphon geben, diesen verschließen und mit der Kapsel befüllen. Gut schütteln.

Putensteaks salzen und pfeffern, in heißem Öl von beiden Seiten scharf anbraten und unter geringer Hitze vollständig durchgaren. Fertige Steaks auf einem Teller anrichten, Pfefferschaum vor dem Servieren daraufsprühen.

Tipp: Der Pfefferschaum muss nach wenigen Stunden aufgebraucht sein, damit sich keine Keime entwickeln können. Für eine längere Haltbarkeit muss der Schaum vor dem Abfüllen in den Sahnesiphon aufgekocht werden.

ENTENBRUST MIT JOHANNISBEERSCHAUM

Ergibt 4 Portionen

ZUTATEN:

200 g schwarzes Johannisbeergelee ▪ Saft von 1 Orange ▪ Saft von 1 Zitrone ▪ 25 ml Rotwein ▪ 200 g Sahne ▪ 4 Entenbrüste à 300 g ▪ 2 EL Pflanzenöl ▪ Salz

ZUBEHÖR:

Haarsieb ▪ Sahnesiphon (0,5 l) und 1 Sahnekapsel

ZUBEREITUNG:

Johannisbeergelee mit den frisch gepressten Fruchtsäften, dem Rotwein und etwas Salz verrühren. Durch ein Haarsieb streichen und zusammen mit der Sahne in den Siphon füllen. Nach dem Verschließen den Inhalt gut durchschütteln und die Kapsel eindrehen. Der Johannisbeerschaum kann direkt verwendet werden.

Die Entenbrüste auf der Hautseite zwei- bis dreimal einschneiden. Mit der Haut nach unten in einer Pfanne in heißem Öl scharf anbraten, bis sie knusprig sind. Danach wenden und weitere 5 Minuten braten.

Den Siphon vor dem Servieren mit einigen kräftigen Bewegungen schütteln und den Schaum erst unmittelbar vor dem Servieren aufsprühen.

Tipp: Der Schaum passt ebenso hervorragend zu Wild. Leckere Varianten gelingen auch mit Cranberry- oder Kirschgelee.

HIRSCHFILET MIT PFLAUMENSCHAUM

Ergibt 4 Portionen

ZUTATEN:

200 g entkernte Trockenpflaumen ▪ 400 ml trockener Rotwein ▪ 1 Prise Lebkuchengewürz ▪ 2 EL Puderzucker ▪ 2 Hirschfilets à 400 g ▪ 2 EL Pflanzenöl ▪ Salz

ZUBEHÖR:

Haarsieb ▪ Sahnesiphon (0,5 l) und 1 Sahnekapsel

ZUBEREITUNG:

Den Backofen auf 180 °C vorheizen.

Die Trockenpflaumen in einem Topf mit 200 Millilitern Wasser aufkochen und 5 Minuten zugedeckt ziehen lassen. Den Rotwein dazugeben und 15 Minuten weiterköcheln lassen. Mit dem Lebkuchengewürz und dem Puderzucker abschmecken und noch warm glatt pürieren. Durch ein Haarsieb streichen, 500 Milliliter abmessen und noch warm in den Siphon füllen. Verschließen, eine Kapsel eindrehen, gut schütteln und bei 60 °C warm halten.

Die Hirschfilets salzen, pfeffern und in Pflanzenöl rundum anbraten. Im vorgeheizten Backofen 7 Minuten garen, dann die Filets noch einmal an einem warmen Ort 10 Minuten ruhen lassen. In gleichmäßige Scheiben schneiden und mit dem warmen Pflaumenschaum servieren.

Tipp: Der Pflaumenschaum ist auch die ideale Begleitung zu gebratener Entenbrust, Rehrücken mit Klößen oder Putenbraten.

ROSINENREIS MIT HONIGSCHAUM

Ergibt 5 Portionen

ZUTATEN:

400 ml Milch ▪ 80 ml flüssiger Honig ▪ 18 gestr. kleine Dosierlöffel Centhazoon (ca. 5,4 g) ▪ 250 g Rosinen ▪ 100 g Milchreis ▪ Salz

ZUBEHÖR:

Sahnesiphon (0,5 l) und 1 Sahnekapsel

ZUBEREITUNG:

Milch mit Honig und Centhazoon in einem Topf unter ständigem Rühren kurz aufkochen. Die Flüssigkeit in einen Sahnesiphon füllen, verschließen und die Kapsel einsetzen. In einem Becher mit kaltem Wasser abkühlen lassen.

Rosinen in einem Topf mit 500 Millilitern Wasser aufkochen und 30 Minuten stehen lassen, dann abgießen und abtropfen lassen. Den Reis nach Herstellerangaben in Milch kochen.

Den gekochten Reis mit den abgetropften Rosinen mischen und abkühlen lassen.

Den Reis schön auf den Tellern platzieren, mit Honigschaum garnieren und sofort servieren.

Tipp: Die Rosinen können auch durch jeweils 250 Gramm geraspelte Schokolade, Kokosflocken oder Spekulatiusstückchen ersetzt werden. Das Kochen in Wasser entfällt für diese Zutaten, einfach direkt zum Milchreis geben, anrichten und mit dem Honigschaum garnieren.

GARAM-MASALA-SCHAUM MIT REIS

Ergibt etwa 8 Portionen

ZUTATEN:

2 Blatt Gelatine ▪ 50 g Butter ▪ 1,5 EL Thai-Currypulver ▪ 1 kleine Knoblauchzehe ▪
200 g Sahne ▪ 200 ml Ananassaft ▪ 100 g Joghurt ▪ 1 Prise Chilipulver ▪
400 g Basmatireis ▪ Salz, Pfeffer

ZUBEHÖR:

Haarsieb ▪ Sahnesiphon (0,5 l) und 1 Sahnekapsel

ZUBEREITUNG:

Die Gelatine 10 Minuten in kaltem Wasser einweichen. Die Butter in einem Topf erwärmen, Currypulver hinzufügen und kurz anbraten. Den Knoblauch schälen und fein würfeln. Mit Sahne, Ananassaft und Joghurt unter Rühren zur Butter geben und mit den übrigen Gewürzen abschmecken.

Die Gelatine hinzufügen, kurz erwärmen, bis sie sich aufgelöst hat, durch ein Sieb geben und in den Siphon füllen. Verschließen, eine Kapsel eindrehen, gut schütteln und für mindestens 4–5 Stunden kalt stellen. Nach 30 Minuten nochmals gut schütteln.

Den Reis nach Packungsangabe zubereiten und mithilfe eines Dessertrings mittig auf einen Teller platzieren, Garam-Masala-Schaum aufsprühen und mit Currypulver bestreuen .

Tipp: Der Garam-Masala-Schaum mit Reis passt hervorragend zu Curry-Hähnchen. Für eine selbst gemachte Garam-Masala-Mischung je 1 Teelöffel Gewürznelken, Kreuzkümmel, schwarzen Pfeffer, Zimt, Muskat, getrockneten Knoblauch und Cayennepfeffer sowie je 4 Teelöffel gemahlenen Koriander und Kardamom im Mörser zerstoßen. Licht- und luftgeschützt aufbewahren.

Dips, Saucen & Beilagen

Ei-Gurken-Schaum mit Dill

Zutaten:

2 Eier ▪ ½ Salatgurke ▪ 125 g Naturjoghurt ▪ 125 g saure Sahne ▪ 30 g Sahne 30 % ▪ 1 EL fein gehackte Dillspitzen ▪ 1 Spritzer Zitronensaft ▪ 6 gestr. kleine Dosierlöffel Centhazoon (ca. 1,8 g) ▪ Salz, Pfeffer

Zubehör:

Haarsieb ▪ Sahnesiphon (0,5 l) und 1 Sahnekapsel

Zubereitung:

Die Eier in einem kleinen Topf in Wasser hart kochen, unter kaltem Wasser abschrecken, pellen und grob hacken. Die Salatgurke waschen, schälen, halbieren und entkernen. Ebenfalls grob hacken. Eier und Gurke mit dem Joghurt, der sauren Sahne, der Sahne und den Dillspitzen im Mixer oder mit dem elektrischen Rührstab sehr fein pürieren. Durch ein Haarsieb streichen, mit Zitronensaft, Salz und Pfeffer abschmecken und mit Centhazoon verrühren.

In den Sahnesiphon füllen, verschließen, die Sahnekapsel eindrehen und kräftig schütteln. Bei Bedarf servieren.

Tipp: Der Ei-Gurken-Schaum schmeckt super auf getoastetem Graubrot und passt auch zu geräucherter Forelle oder zu einem Thunfischbaguette.

PAPRIKASCHAUM

ZUTATEN:

1 Zwiebel ▪ 250 g Frischkäse (Vollfettstufe) ▪ 150 g Sahne ▪ 1 TL Senf ▪ 1 TL Paprikapulver ▪ 1 TL Kümmelpulver ▪ 2 TL Ajvar (Paprikamus) ▪ Salz

ZUBEHÖR:

Haarsieb ▪ Sahnesiphon (0,5 l) und 1 Sahnekapsel

ZUBEREITUNG:

Die Zwiebel schälen und fein hacken. In eine Schüssel geben, 20 Milliliter Wasser dazugeben, den Frischkäse langsam unterheben und mit den übrigen Zutaten verrühren. Alles durch ein Sieb streichen, in den Siphon füllen, verschließen, eine Kapsel eindrehen und gut schütteln. Falls der Schaum zum Servieren nicht fest genug sein sollte, noch einmal gut schütteln.

Tipp: Genießen Sie den Paprikaschaum auf Crackern oder Baguette, zu Tortellinisalat oder warmem Couscous.

BROKKOLISCHAUM

Ergibt etwa 12 Portionen

ZUTATEN:

1 mittelgroßer Brokkoli ▪ 1 Zwiebel ▪ 250 ml Gemüsebrühe ▪ 100 g Sahne ▪ 2 Blatt Gelatine ▪ 1 Prise Muskatnuss ▪ Salz, Pfeffer

ZUBEHÖR:

Haarsieb ▪ Sahnesiphon (0,5 l) und 1 Sahnekapsel

ZUBEREITUNG:

Den Brokkoli in Röschen teilen und putzen. Die Zwiebel schälen und fein würfeln. Zusammen in der Gemüsebrühe weich dünsten. In einen Messbecher füllen, die Sahne zugeben und mit dem elektrischen Rührstab gründlich pürieren. Mit Salz, Pfeffer und Muskatnuss abschmecken.

Falls die Masse weniger als 500 Milliliter ergibt, mit etwas Wasser auffüllen. Anschließend durch ein Haarsieb streichen.

Die Gelatine in einer kleinen Menge der Masse unter Rühren in einem Topf erwärmen und auflösen. Mit der übrigen Creme mischen, in den Siphon füllen, verschließen, die Kapsel einsetzen und 6–8 Stunden im Kühlschrank kühlen. Vor dem Servieren den Siphon kräftig schütteln.

Tipp: Der Brokkolischaum passt als Haube zu Gemüsesuppe, als Beilage zu Geflügel oder als Sauce zu frischer Pasta. Statt frischem Brokkoli kann man auch 350 Gramm tiefgefrorenen verwenden. Wird der Schaum nach dem Kühlen im Wasserbad auf ca. 60 °C erwärmt, erhält man eine leckere geschäumte Sauce.

GESCHÄUMTE BÉCHAMELSAUCE

ZUTATEN:

50 g Butter ▪ 2 EL Weizenmehl ▪ 200 ml Milch ▪ 200 g Sahne ▪ 1 Eigelb ▪ 1 Prise Muskatnuss ▪ Salz

ZUBEHÖR:

Haarsieb ▪ Sahnesiphon (0,5 l) und 1 Sahnekapsel

ZUBEREITUNG:

Die Butter in einem Topf zerlassen. Unter Rühren das Mehl hinzufügen, sodass eine Mehlschwitze entsteht. Kalte Milch nach und nach zugießen und unter Rühren zu einer sämigen Sauce binden. Mit Muskat und Salz abschmecken. Das Eigelb mit der Sahne verquirlen und in die heiße Sauce rühren.

Durch ein Haarsieb streichen, in den Sahnesiphon füllen, verschließen, eine Kapsel eindrehen und kurz schütteln. Der Siphon kann in einem Wasserbad warm gehalten werden. Es sollte jedoch nicht heißer als 75 °C sein.

Tipp: Passt sehr gut zu Leipziger Allerlei, Karotten mit Petersilie oder Blumenkohlröschen.

LEICHT GESCHÄUMTE LIMETTENHOLLANDAISE

ZUTATEN:

250 g Butter ▪ 1 kleine Zwiebel ▪ 1 EL Weißweinessig ▪ 2 Blatt Gelatine ▪ 4 frische Eigelb ▪ ½ TL Zucker ▪ 2 EL Limettensaft ▪ Abrieb von 1 unbehandelten Limette ▪ Salz, weißer Pfeffer

ZUBEHÖR:

Haarsieb ▪ Sahnesiphon (0,5 l) und 1 Sahnekapsel

ZUBEREITUNG:

Die Butter in einem Topf zerlassen, dabei aber nicht bräunen. Zum Abkühlen beiseitestellen. Die Zwiebel schälen, fein würfeln und zusammen mit 2 Esslöffeln Wasser, dem Weißweinessig und Pfeffer in einem anderen Topf aufkochen und auf ein Drittel reduzieren. Durch ein Haarsieb in eine Schüssel geben und abkühlen lassen.

Währenddessen die Gelatine 10 Minuten einweichen. Die abgekühlte Reduktion mit den Eigelben und 1 Esslöffel Wasser verquirlen und im Wasserbad so lange aufschlagen, bis eine dicke Creme entsteht. Die Butter erst in Tropfen, dann in einem dünnen Strahl zugeben, bis die Sauce sämig wird. Nicht kochen lassen! Die Sauce mit den Gewürzen, dem Zucker, dem Limettensaft und -abrieb abschmecken.

Die Gelatine ausdrücken und in einem Topf erwärmen, etwas Sauce Hollandaise dazugeben und gut verrühren, dann diese Mischung zur übrigen Sauce geben und anschließend in den Siphon füllen. Eine Kapsel eindrehen, den Siphon kräftig schütteln und bei ca. 60 °C warm halten.

Tipp: Für eine schnelle Variante zwei fertige Packungen Sauce Hollandaise mit oder ohne Limettensaft in einem Topf erwärmen und anschließend in einen Siphon geben. Kapsel eindrehen und erst kurz vor dem Servieren aufsprühen. Durch die bereits enthaltenen Verdickungsmittel bleibt die Sauce auch stabil, sodass eine Zugabe von Gelatine nicht notwendig ist.

ESTRAGONSCHAUM

ZUTATEN:

1 TL Senf ▪ 1 Eigelb ▪ 100 ml Sonnenblumenöl ▪ 200 g Sahne ▪ 1 EL Zitronensaft ▪
1 EL Weißweinessig ▪ 1 TL fein gemahlenes Estragonpulver ▪ 1 TL Puderzucker ▪ Salz

ZUBEHÖR:

Haarsieb ▪ Sahnesiphon (0,5 l) und 1 Sahnekapsel

ZUBEREITUNG:

Senf in einem hohen Gefäß zum Eigelb geben, dann Öl unter ständigem Rühren tropfenweise beimengen. Die fertige Mayonnaise mit den restlichen Zutaten glatt verrühren, durch ein Haarsieb streichen und in den Siphon füllen, diesen verschließen, eine Kapsel eindrehen und gut schütteln.

Tipp: Der Estragonschaum passt hervorragend zu Hähnchenrouladen, aber auch zu kaltem Schweinebraten, Risotto und überbackenem Ziegenkäse.

MARONENSCHAUM

ZUTATEN:

2 Blatt Gelatine ▪ 200 ml Milch ▪ 200 g geschälte, gekochte Maronen ▪ 100 ml Gemüse-brühe ▪ 1 TL Senf ▪ 1 Eiweiß ▪ 1 Prise Muskatnuss ▪ Salz, Pfeffer

ZUBEHÖR:

Haarsieb ▪ Sahnesiphon (0,5 l) und 1 Sahnekapsel

ZUBEREITUNG:

Gelatine für 10 Minuten in Wasser einweichen. Die Milch mit den Maronen in ein hohes Ge-fäß geben und mit dem elektrischen Rührstab pürieren. Die Brühe nach und nach zugießen, zum Schluss den Senf unterrühren.

Durch ein Sieb in einen Topf füllen, mit Salz und Pfeffer abschmecken und erwärmen. Die Gelatine unter Rühren auflösen, das Eiweiß hinzufügen und alles gut vermischen. In den Siphon geben, verschließen, eine Kapsel eindrehen und gut schütteln. (Vorsicht, Siphon kann sehr warm werden!)

Die Mischung vollständig abkühlen lassen, damit der Schaum stabil bleibt. Am besten für 4–5 Stunden in den Kühlschrank stellen.

Tipp: Der Maronenschaum passt als Topping zu einer Steinpilzessenz oder als Beilage zu einem Reh- oder Wildschweinbraten.

Party & Buffet

INSALATA CAPRESE MIT BASILIKUMSCHAUM

ZUTATEN:

40 ml natives Olivenöl ▪ 20 ml Apfelessig 5 % ▪ 100 ml stilles Mineralwasser ▪ 10 frische Basilikumblätter ▪ 1 EL Zucker ▪ 9 gestr. kleine Dosierlöffel Centhazoon (ca. 2,7 g) ▪ 3 Mozzarellakugeln ▪ 5 große Tomaten ▪ Balsamico zum Dekorieren ▪ Salz, Pfeffer

ZUBEHÖR:

Passiertuch ▪ Sahnesiphon (0,5 l) und 1 Sahnekapsel

ZUBEREITUNG:

Olivenöl, Apfelessig, Mineralwasser, Basilikum, Zucker und etwas Salz und Pfeffer mit dem elektrischen Rührstab in einem Messbecher fein mixen. Centhazoon hinzufügen und noch einmal gut mit einem Schneebesen verrühren. Die Flüssigkeit durch ein Passiertuch bzw. durch ein Haarsieb in den Sahnesiphon geben, verschließen und die Kapsel einsetzen. Mozzarella und Tomaten in Scheiben schneiden und auf einem großen Teller übereinanderschichten. Mit frisch gemahlenem Pfeffer und Salz bestreuen, Balsamico in Punkten oder Streifen daneben dekorieren und abschließend den Basilikumschaum auf die Tomaten- und Mozzarellascheiben aufsprühen.

Tipp: Besonders schön sieht auch schwarzes Salz (Hawaiisalz) dazu aus. Der Basilikumschaum muss nach wenigen Stunden aufgebraucht sein, damit sich keine Keime entwickeln können. Für die längere Haltbarkeit muss der Schaum vor der Abfüllung in den Sahnesiphon aufgekocht werden.

GUACAMOLE

ZUTATEN:

2 Blatt Gelatine ▪ 1 Avocado ▪ 2 Knoblauchzehen ▪ 20 ml Limettensaft ▪ 150 g Frischkäse ▪ 2 TL Tomatenmark ▪ 1 TL Chilipulver ▪ 1 TL Worcestershiresauce ▪ 200 g saure
Sahne ▪ Salz, Pfeffer

ZUBEHÖR:

Sieb ▪ Sahnesiphon (0,5 l) und 1 Sahnekapsel

ZUBEREITUNG:

Gelatine in kaltem Wasser 10 Minuten einweichen. Die Avocado halbieren, den Kern
entfernen und das Fruchtfleisch mithilfe eines Löffels von der Schale lösen. Zusammen mit
dem Knoblauch, Limettensaft und dem Frischkäse in der Schüssel mischen. Tomatenmark,
Chilipulver und Worcestershiresauce zugeben, gut verrühren und mit Salz und Pfeffer
abschmecken.

Die saure Sahne im Topf erwärmen und die ausgedrückte Gelatine darin auflösen. Unter
Rühren erwärmen und zur Guacamolemischung hinzufügen. Durch ein Sieb in den Siphon
geben, verschließen, eine Kapsel eindrehen und gut schütteln. (Vorsicht, Siphon kann sehr
warm werden!)

Die Mischung vollständig abkühlen lassen, damit der Schaum stabil bleibt. Am besten für
4–5 Stunden in den Kühlschrank stellen.

Tipp: Die Guacamole passt gut zu verschieden gefüllten Wraps.

GLASNUDELSALAT MIT GARNELEN

Ergibt 5 Portionen

ZUTATEN:

250 g Glasnudeln ▪ 1 Bund Petersilie ▪ 100 ml Fischsauce ▪ 2 EL Zucker ▪ Chilisauce nach Geschmack (ca. 30 Tropfen) ▪ 300 ml stilles Mineralwasser ▪ 18 gestr. kleine Dosierlöffel Centhazoon (ca. 5,4 g) ▪ 20 gekochte und geschälte Garnelen ▪ 1 TL Butter ▪ Chili, Salz und Pfeffer

ZUBEHÖR:

Sahnesiphon (0,5 l) und 1 Sahnekapsel

ZUBEREITUNG:

Die Glasnudeln in kochendes Salzwasser geben und 3–4 Minuten kochen lassen. Abschütten, mit kaltem Wasser abschrecken und abtropfen lassen. Die Petersilie waschen, trocken schütteln und fein hacken. Mit den Glasnudeln vorsichtig mischen.

Die Fischsauce mit Zucker, Chilisauce und dem Mineralwasser in einem Topf verrühren. Centhazoon dazugeben, mit dem elektrischen Rührstab verrühren und aufkochen. Die Mischung in einen Sahnesiphon füllen, fest verschließen, mit einer Kapsel befüllen und mindestens 1 Stunde kalt stellen.

Garnelen mit Salz, Pfeffer und Chili würzen und in einer Pfanne mit zerlassener Butter etwa 1 Minute von jeder Seite anbraten. Auf den Tellern verteilen, die Glasnudeln daneben anrichten und die Fischcreme daraufsprühen.

Tipp: Die Fischsauce schmeckt auch zu Maki-Sushi, auf Crackern oder zu Räucherlachs.

TORTELLINIHÄPPCHEN MIT DRIED-TOMATO-MOUSSE

Ergibt etwa 25–30 Häppchen

ZUTATEN:

2 Blatt Gelatine ▪ 1 kleine Zwiebel ▪ 1 TL Olivenöl ▪ 150 g getrocknete Tomaten ▪
1 TL brauner Zucker ▪ 1 TL Weißweinessig ▪ 1 kleine Knoblauchzehe ▪ 2 EL Tomatenmark
▪ 200 ml Milch ▪ 400 g Sahne ▪ 1 Prise Chilipulver ▪ 500 g vorgegarte Tortellini ▪
Salz,Pfeffer

ZUBEHÖR:

Haarsieb ▪ Sahnesiphon (0,5 l) und 1 Sahnekapsel

ZUBEREITUNG:

Die Gelatine für 10 Minuten in Wasser einweichen. Die Zwiebel schälen und fein hacken
und in einem großen Topf in etwas Olivenöl anschwitzen. Die getrockneten Tomaten grob
klein schneiden, zu den Zwiebeln geben und kurz mitbraten. Den Knoblauch schälen und
ebenfalls fein hacken. Tomatenmark, Zucker und Essig einrühren und kurz köcheln lassen.
Die Milch bei mittlerer Hitze zugeben und alles mit dem elektrischen Rührstab pürieren.
Sahne nach und nach unter Rühren hinzufügen, mit Salz, Pfeffer und Chili abschmecken.
Die Masse durch ein Sieb geben. Die Gelatine in einem anderen Topf erwärmen und mit etwas von der Tomatenmischung verrühren. Unter die übrige Mischung rühren. 500 Milliliter
der Tomatensauce in den Siphon füllen, Kopf aufschrauben und mit einer Kapsel aufschäumen. Den Siphon für mindestens 5 Stunden im Kühlschrank kalt stellen, nach 1 Stunde
nochmals gründlich schütteln, um den Inhalt zu vermischen.
Siphon vor dem Servieren mehrmals kräftig schütteln. Die Tortellini in heißem Wasser
bissfest garen, kurz abkühlen lassen, auf einer Servierplatte anrichten und jeweils mit der
Dried-Tomato-Mousse garnieren.

Tipp: Mit frisch gehobeltem Grana Padano bestreut servieren.

TONKABOHNENMOUSSE

Ergibt etwa 20 Portionen/Toppings

ZUTATEN:

3 Blatt Gelatine ▪ 2 Tonkabohnen ▪ 450 ml Milch ▪ 2 Päckchen Vanillezucker ▪ 50 g weiße Kuvertüre

ZUBEHÖR:

Sieb ▪ Sahnesiphon (0,5 l) und 1 Sahnekapsel

ZUBEREITUNG:

Die Gelatine für 10 Minuten in kaltem Wasser einweichen lassen. Währenddessen die Tonkabohnen fein reiben. Mit der Milch in einem Topf verrühren und erwärmen, Vanillezucker hinzufügen. Die Kuvertüre grob zerkleinern und unter Rühren in der Tonkabohnen-Milch-Mischung schmelzen lassen. Die gut abgetropfte Gelatine hinzufügen und weiterrühren, bis sie sich aufgelöst hat.

Durch ein Sieb in den Siphon füllen, mit dem Sprühkopf verschließen, gut schütteln und eine Kapsel eindrehen. Für mindestens 5 Stunden im Kühlschrank kalt stellen. Erst kurz vor dem Servieren in Dessertgläschen sprühen oder als Topping aufsprühen.

Tipp: Die Tonkabohnenmousse schmeckt hervorragend zu Sauerkirschkompott, auf zerkleinerten Amarettini und zu Schokokuchen!

GESCHÄUMTES TIRAMISU

ZUTATEN:

200 g Mascarpone ▪ 100 g Sahne ▪ 100 ml starker Espresso ▪ 2 EL Galliano (Vanillelikör) ▪ 5 EL Puderzucker ▪ 1 Prise Zimt ▪ 1 Packung Löffelbiskuits ▪ 200 g Himbeeren aus dem Glas ▪ Kakaopulver

ZUBEHÖR:

Haarsieb ▪ Sahnesiphon (0,5 l) und 1 Sahnekapsel

ZUBEREITUNG:

Mascarpone, Sahne, Espresso, Galliano, Puderzucker und Zimt mit dem Schneebesen glatt verrühren, durch ein Haarsieb streichen und in den Siphon füllen. Verschließen, eine Kapsel eindrehen und gut schütteln.

Die Löffelbiskuits zerbröseln und auf die Dessertgläser verteilen. Ebenso mit den abgetropften Himbeeren verfahren. Den Tiramisuschaum aufsprühen und mit Kakaopulver bestreuen. Sofort servieren.

Tipp: Statt der Himbeeren kann man auch Kirschkompott oder Pfirsichstücke verwerten. Für ein beschwipstes Dessert die Früchte vor der Zubereitung für etwa 1 Stunde in Rum, Prosecco oder Galliano einlegen.

DESSERTS & SÜSSES

ERDBEER-KÄSEKUCHEN-TÖRTCHEN

Ergibt 12 Törtchen

ZUTATEN:

2 Blatt Gelatine ▪ 200 g Frischkäse ▪ 100 g Crème fraîche ▪ 2 TL Zitronenkonzentrat ▪ 100 g Erdbeermarmelade ohne Stücke ▪ 50 g Sahne ▪ 1 Bourbon-Vanilleschote ▪ 1 fertiger heller Biskuitboden ▪ Erdbeermarmelade für den Belag ▪ weiße Schokoraspel zum Bestreuen

ZUBEHÖR:

Haarsieb ▪ Sahnesiphon (0,5 l) und 1 Sahnekapsel

ZUBEREITUNG:

Die Gelatine 10 Minuten in Wasser einweichen. Frischkäse, Crème fraîche, Zitronenkonzentrat, Erdbeermarmelade und Sahne in einer Schüssel mischen. Die Vanilleschote der Länge nach halbieren, das Mark auskratzen, in die Schüssel geben und gut umrühren. Die Gelatine in einem Topf erwärmen, etwas von der Erdbeer-Käsekuchen-Mischung hinzufügen, umrühren und diese dann unter die restliche Mischung heben.

Durch ein Sieb in den Siphon füllen, den Kopf aufschrauben und mit einer Kapsel aufschäumen. Den Siphon für mindestens 5 Stunden im Kühlschrank kalt stellen, nach 1 Stunde aber noch einmal gründlich schütteln, um den Inhalt zu vermischen.

Aus dem fertigen Biskuitboden mithilfe des Dessertrings zwölf Scheiben ausstechen und mit Marmelade bestreichen. Siphon mehrmals kräftig schütteln und die Biskuit-Marmeladen-Böden mit der Erdbeer-Käsekuchen-Creme besprühen. Weiße Schokoladenraspel darüberstreuen und sofort servieren.

Tipp: Statt mit Erdbeermarmelade die Biskuitscheiben mit frischen Erdbeeren oder Pfirsichen belegen oder als raffinierte Variante in flüssige, warme Schokolade tauchen. Die Crème fraîche kann auch durch Mascarpone ersetzt werden.

CHOCOLATE-FUDGE-CREME FÜR CUPCAKES

ZUTATEN:

200 g Sahne ▪ 1 EL entöltes Kakaopuder ▪ 3 EL Puderzucker ▪ 1 Päckchen Vanillezucker ▪ 125 g Zartbitterkuvertüre ▪ 50 g Butter ▪ 2 Eigelb ▪ 3 EL Milch ▪ 1 Ei ▪ 10 Muffins nach Wahl (z. B. Schoko, Vanille oder Karamell) ▪ Dekoperlen und -streusel

ZUBEHÖR:

Sahnesiphon (0,5 l) und 1 Sahnekapsel

ZUBEREITUNG:

Die Sahne mit dem Kakaopuder, 1 Esslöffel Puderzucker und dem Vanillezucker unter Rühren in einem Topf erwärmen. Die Kuvertüre grob zerkleinern, mit der Butter in die Mischung geben und darin schmelzen lassen. Eigelbe mit dem restlichen Puderzucker schaumig rühren, Milch und das Ei zugeben. Diese Zucker-Ei-Mischung in die Schokolade rühren und kurz weiter erwärmen, jedoch nicht kochen lassen.

Mischung durch ein Sieb in den Siphon geben, verschließen, eine Kapsel eindrehen und gut schütteln. Vorsicht, Siphon kann sehr warm werden! Die Mischung muss komplett abkühlen, damit der Schaum stabil bleibt. Am besten für 4–5 Stunden kalt stellen.

Die fertig gebackenen Muffins kurz vor dem Servieren mit der Creme garnieren, mit Streuseln und Perlen dekorieren.

Tipp: Bei einer zu hohen Raumtemperatur kann die Creme leicht in sich zusammensinken, daher erst kurz vor dem Verzehr kalt aufsprühen. Wenn eine festere Stabilität gewünscht ist, kann der warmen Mischung im Topf 1 Blatt Gelatine zugegeben werden.

SÜSSER WEINSCHAUM

ZUTATEN:

3 Blatt Gelatine ▪ 100 g Sahne ▪ 200 ml süßer Dessertwein ▪ 200 ml roter Traubensaft

ZUBEHÖR:

Sahnesiphon (0,5 l) und 2 Sahnekapseln

ZUBEREITUNG:

Die Gelatine 10 Minuten in Wasser einweichen. Sahne, Wein und Traubensaft in der Schüssel miteinander verrühren. Die Gelatine ausdrücken, in einem Topf mit ein wenig Sahne-Wein-Mischung erwärmen und in die übrige Mischung einrühren. Alles in den Siphon füllen, verschließen, zwei Kapseln eindrehen und gut schütteln.

Siphon vor dem Servieren noch einmal mit kräftigen Bewegungen 5- bis 10-mal schütteln. Ist der Schaum nicht fest genug, nochmals schütteln. Schaum in schöne Gläser aussprühen und sofort servieren.

Tipp: Der süße Weinschaum kann als Topping für Trauben- oder Obstsalat genutzt werden und vollendet auch Prosecco oder Vanillepudding. Anstatt Dessert- kann auch Eiswein verwendet werden.

Aprikosenpüree mit Joghurtmousse

Zutaten:

100 g milder Joghurt ▪ 300 ml stilles Mineralwasser ▪ 2 Päckchen Bourbon-Vanillearoma ▪ 50 g Zucker ▪ 18 gestr. kleine Dosierlöffel Centhazoon (ca. 5,4 g) ▪ 150 g Aprikosenpüree ▪ 4 TL Zucker

Zubehör:

Sahnesiphon (0,5 l) und 1 Sahnekapsel

Zubereitung:

Joghurt mit Mineralwasser, Vanillearoma und Zucker mischen. Centhazoon zugeben, die Mischung in einen Sahnesiphon füllen, fest verschließen und die Kapsel eindrehen. Gut schütteln. Aprikosenpüree und Zucker mit einem elektrischen Rührstab mixen und auf die Dessertgläser verteilen. Die Joghurtcreme kurz vor dem Servieren auf das Aprikosenpüree sprühen.

Tipp: Das Aprikosenpüree kann auch ganz einfach und schnell selbst hergestellt werden. Dazu Aprikosen aus der Dose mit einem elektrischen Rührstab pürieren.

GEBACKENE ANANANS MIT VANILLEMOUSSE

Ergibt 8 Portionen

ZUTATEN:

400 g Sahne ▪ 50 ml Vanillesirup ▪ 1 Packung Vanillezucker ▪ 250 g Mehl ▪ 1 Ei ▪
1 Prise Salz ▪ 220 ml Milch ▪ 100 ml Sodawasser ▪ 1 TL Zucker ▪ 1 Ananas ▪
400–500 ml Öl zum Ausbacken ▪ 3–4 EL Vanillepuderzucker

ZUBEHÖR:

Sahnesiphon (0,5 l) und 1 Sahnekapsel

ZUBEREITUNG:

Sahne mit Vanillesirup und -zucker direkt in den Siphon geben, verschließen, eine Kapsel
eindrehen und kräftig schütteln. Kalt stellen.

Für den Backteig das Mehl mit dem Ei und dem Salz glatt rühren. Erst wenn eine völlig
homogene Masse entstanden ist, die Milch und das Sodawasser langsam und unter ständigem Rühren dazugießen. Zucker unterrühren. Der Teig ist dickflüssiger als ein normaler
Eierkuchenteig, damit er gut an den Ananasscheiben haften kann.

Die Ananas schälen, den harten Strunk herausstechen und in Scheiben schneiden. Je einen
Ananasring in den Teig eintauchen und im heißen Öl knusprig ausbacken. Mit einer Schöpf-
kelle herausnehmen und auf Küchenpapier gut abtropfen lassen. Mit Vanillepuderzucker
bestreuen, auf einen Dessertteller legen und mit Sahne aus dem Sahnesiphon garnieren.
Sofort servieren.

Tipp: Anstatt der Ananas kann auch frische Banane verwendet werden. Den Vanillepuderzucker dann durch Honig ersetzen.

HIMBEERQUARKSCHAUM

ZUTATEN:

250 g Sahnequark ▪ 200 g Sahne ▪ 1 Pck. Vanillezucker ▪ 4 EL Himbeersirup

ZUBEHÖR:

Haarsieb ▪ Sahnesiphon (0,5 l) und 1 Sahnekapsel

ZUBEREITUNG:

Den Quark mit der Sahne in einer Schüssel verrühren, Vanillezucker und Sirup unter Rühren langsam hinzufügen. Die Mischung durch ein Haarsieb streichen, in den Siphon füllen, verschließen und eine Kapsel einsetzen. Etwa 30 Minuten in den Kühlschrank stellen, vor dem Servieren den Siphon noch einmal gut schütteln. Ist der Schaum nicht fest genug, nochmals schütteln. Den Schaum in schöne Gläser aussprühen und sofort servieren. Nach Belieben mit Löffelbiskuit und frischen Früchten garnieren.

Tipp: Himbeerquarkschaum auf fertige Tortelettböden geben und mit frischen Himbeeren garnieren.

ZITRUSTEESCHAUM

ZUTATEN:

3 Beutel Schwarztee ▪ 4 EL Zucker ▪ 2 Päckchen. Vanillezucker ▪ 300 g Sahne ▪
100 ml frisch gepresster Orangen-Zitronen-Saft ohne Fruchtfleisch

ZUBEHÖR:

Sahnesiphon (0,5 l) und 1 Sahnekapsel

ZUBEREITUNG:

Die Teebeutel mit 100 Millilitern kochendem Wasser überbrühen und nach 20 Sekunden
entfernen. Lösung mit Zucker und Vanillezucker süßen und abkühlen lassen.
Mit der Sahne und dem Orangen-Zitronen-Saft mischen und in den Siphon füllen. Gut
durchschütteln, eine Kapsel einsetzen und 1 Stunde kalt stellen. Siphon vor Gebrauch noch
einmal kräftig schütteln.

Tipp: Der Zitrusteeschaum passt hervorragend zu tropischem Obstsalat und als Topping zu
Chai-Tees. Auf Zitrusgebäck und Erdbeereis eine delikate Überraschung.

BANANENSCHAUM

ZUTATEN:

1 große, reife Banane ▪ 300 g Sahne ▪ 1 Prise Zimt ▪ 1 EL Honig ▪ 2 EL Rum ▪ 10 ml Lime Juice

ZUBEHÖR:

Sahnesiphon (0,5 l) und 1 Sahnekapsel

ZUBEREITUNG:

Die Banane im Mixer pürieren. Mit Sahne, Zimt, Honig, Rum und Lime Juice gründlich verrühren. Durch ein Haarsieb streichen, in den Siphon füllen und eine Kapsel eindrehen. Der Bananenschaum kann sofort serviert werden, gut gekühlt nach 30 Minuten im Kühlschrank schmeckt er aber noch besser. Siphon vor dem Servieren kräftig schütteln. Nach Belieben mit frischem Obst servieren.

Tipp: Die ideale Begleitung zu Vanilleeis mit Amarenakirschen oder als Cocktail-Topping, z. B. für eine Piña Colada.

Cocktails
& Getränke

CAMPARI-ORANGE-SCHAUM

ZUTATEN:

3 Blatt Gelatine ▪ 60 ml Campari ▪ 440 ml Orangennektar ohne Fruchtfleisch

ZUBEHÖR:

Sahnesiphon (0,5 l) und 1 Sahnekapsel ▪ Happy Spoons

ZUBEREITUNG:

Die Gelatine 10 Minuten in Wasser einweichen. Den Campari mit dem Orangennektar mischen, etwas davon mit der Gelatine in einem Topf unter Rühren erwärmen und auflösen. Diese Mischung wieder zum restlichen Campari-Orange geben, gut umrühren und in den Siphon füllen. Verschließen und eine Kapsel eindrehen.

Kurz, aber kräftig schütteln, für 4–5 Stunden in den Kühlschrank stellen. Siphon vor dem Servieren noch einmal kräftig schütteln. Den Campari-Orange-Schaum auf Happy Spoons anrichten und als Löffel-Cocktail anbieten.

Tipp: Als Variante Orangenstückchen ohne Schale zuerst auf den Löffeln platzieren, dann den Schaum daraufsprühen. Anstelle von Campari kann auch Aperol verwendet werden. Eignet sich auch gut als Topping für Prosecco.

HUGO-SCHAUM

ZUTATEN:

1,5 l Prosecco ▪ 75 ml Lime Juice ▪ 125 ml Holunderblütensirup ▪ 1 Bund frische Minze ▪ 18 gestr. kleine Dosierlöffel Centhazoon (ca. 5,4 g)

ZUBEHÖR:

Haarsieb ▪ Sahnesiphon (0,5 l) und 1 Sahnekapsel

ZUBEREITUNG:

300 Milliliter des Proseccos mit dem Lime Juice und dem Holunderblütensirup in einem hohen Gefäß mischen. Die Minzblätter von drei der Stängel zupfen, kurz zwischen den Fingern reiben, zu der Mischung geben, umrühren und für 15 Minuten stehen lassen.

Die Mischung durch ein Haarsieb in den Siphon geben. Centhazoon direkt zudosieren, mit dem Sprühkopf verschließen, einmal gut schütteln und eine Kapsel eindrehen. Für mindestens 1 Stunde im Kühlschrank kalt stellen.

Die Sektgläser je halb mit dem übrigen Prosecco auffüllen, je ein Minzblatt hinzufügen und den Hugo-Schaum daraufsprühen.

Tipp: Nach Belieben kann auch noch eine Mischung aus je 10 Millilitern Lime Juice und Holunderblütensirup zum Prosecco gegeben werden.

ERDBEERCOCKTAIL MIT MARZIPANSCHAUM

ZUTATEN:

150 g Sahne-Marzipan-Likör ▪ 200 g Sahne (30 %) ▪ 18 gestr. kleine Dosierlöffel Centhazoon (ca. 5,4 g) ▪ 320 ml Erdbeersirup ▪ 400 ml stilles Mineralwasser ▪ 180 ml Wodka ▪ 6 frische Erdbeeren zum Garnieren

ZUBEHÖR:

Sahnesiphon (0,5 l) und 1 Sahnekapsel

ZUBEREITUNG:

Marzipan-Sahne-Likör mit Schlagsahne mischen, Centhazoon dazugeben und alles gut mit dem elektrischen Rührstab verrühren. Die Mischung in einen Sahnesiphon füllen, fest verschließen und die Kapsel eindrehen. Gut schütteln.

Erdbeersirup mit Mineralwasser und Wodka mischen, auf die Cocktailgläser gleichmäßig verteilen und mit Sahne-Marzipan-Schaum auffüllen. Nach Belieben die Erdbeeren waschen, trocken tupfen, in Stücke schneiden und als Dekoration am Glasrand verwenden.

Tipp: Der Sahne-Marzipan-Likör kann auch durch einen anderen Sahnelikör (z.B. Baileys, Dooleys, Amarula) ersetzt werden. Dann besser Vanielle- statt Erbeersirup verwenden.

ENERGY ON AIR

ZUTATEN:

420 ml koffeinhaltiger Energiedrink ▪ 80 ml Wodka ▪ 15 gestr. kleine Dosierlöffel Centhazoon (ca. 4,5 g)

ZUBEHÖR:

Sahnesiphon (0,5 l) und 1–2 Sahnekapseln

ZUBEREITUNG:

Alle Zutaten direkt in den Siphon füllen, diesen verschließen, eine Sahnekapsel eindrehen und kräftig schütteln. Wenn der Schaum zu schnell zusammenfällt, eine zweite Kapsel eindrehen, erneut schütteln und in einem Reagenzglas mit Strohhalm oder kleinem Shooter-Glas servieren.

Tipp: Der Energy-on-Air-Schaum passt auch als Topping zu Cola. Wenn der Schaum stabiler sein soll, müssen 30 gestr. kleine Dosierlöffel Centhazoon zugegeben werden.

„Sanfter Engel"
auf Espresso

Zutaten:

200 g Sahne ▪ 150 ml Eierlikör ▪ 100 ml Orangennektar ohne Fruchtfleisch ▪
1 TL Puderzucker

Zubehör:

Sahnesiphon (0,5 l) und 1 Sahnekapsel

Zubereitung:

Alle Zutaten miteinander verrühren, in den Siphon füllen, verschließen und eine Kapsel eindrehen. Kurz schütteln und für 1 Stunde in den Kühlschrank stellen. Siphon vor dem Servieren noch einmal kräftig schütteln. Als Topping auf Espresso servieren.

Tipp: Auch lecker zu Vanilleeis, auf Orangensaft oder zu Rührkuchen.

EISKAFEE MIT VANILLESCHAUM

ZUTATEN:

1 Bourbon-Vanillestange ▪ 200 ml Milch ▪ 2 EL Puderzucker ▪ 3 Eigelb ▪ 300 g Sahne ▪ 6 Gläser kalter Kaffee

ZUBEHÖR:

Haarsieb ▪ Sahnesiphon (0,5 l) und 1 Sahnekapsel

ZUBEREITUNG:

Die Vanillestange längs aufschneiden und das Mark herauskratzen. Milch, Puderzucker, Eigelb und Vanillemark in einer Metallschüssel verrühren. In einem Wasserbad mit dem Schneebesen schaumig schlagen, dann im Kühlschrank abkühlen lassen.

Die Sahne unter Rühren in die abgekühlte Mischung geben und alles durch ein Sieb in den Siphon füllen. Verschließen, eine Kapsel eindrehen und kräftig schütteln. Vor dem Servieren den Siphon 8- bis 10-mal schütteln, dann den Vanilleschaum auf den kalten Kaffee sprühen und nach Belieben mit Kakao oder Schokolade verzieren.

Tipp: Die ausgeschabten Vanillestangen nicht wegwerfen, sondern als Aromageber in die Zuckerdose stecken. Die Vanillecreme schmeckt lecker zu Crêpes, zu frischen Erdbeeren, zu Schokoladensoufflé oder zu exotischem Fruchtsalat.

CAPPUCCINOMOUSSE

ZUTATEN:

400 g Sahne ▪ 6 gestr. EL Cappuccinopulver ▪ 3 EL Puderzucker

ZUBEHÖR:

Sahnesiphon (0,5 l) und 1 Sahnekapsel

ZUBEREITUNG:

Sahne, Cappuccinopulver und Puderzucker in einer Schüssel mit einem Schneebesen glatt rühren. Die Mischung in den Siphon füllen und eine Kapsel eindrehen. Siphon vor dem Servieren kräftig schütteln.

Tipp: Das fertige Cappuccinopulver kann durch 30 Milliliter kräftigen Espresso und 4 Esslöffel Schokopulver ersetzt werden. Die Cappuccinomousse passt zu Vanille- oder Schokoladeneis, Pudding, Kuchen oder Kaffee. Sie kann auch als finale Schicht auf Tiramisu serviert werden.

Rezeptverzeichnis

REZEPTVERZEICHNIS NACH BINDEMITTEL

Geschäumte Béchamelsauce 56

Geschäumtes Tiramisu 76

Himbeerquarkschaum 90

Maronenschaum 62

Paprikaschaum 52

Parmesanschaum mit schwarzen Spaghetti 32

„Sanfter Engel" auf Espresso 106

Süßer Weinschaum 84

Tonkabohnenmousse 74

Zitrusteeschaum 92

EIWEISS/EIGELB
Chocolate-Fudge-Creme für Cupcakes 82

GELATINE
Brokkolischaum 54

Campari-Orangen-Schaum 98

Erdbeer-Käsekuchen-Törtchen 80

Guacamole 68

Leicht geschäumte Limettenhollandaise 58

Tortellinihäppchen mit Dried-Tomato-Mousse 72

Tropic-Garlic-Schaum 22

Gelatine kann durch Centhazoon ersetzt werden, welches aus rein pflanzlichen Inhaltsstoffen besteht.Bei Ersatz bitte die Dosierangaben des Herstellers beachten.

OHNE ZUSÄTZLICHES BINDEMITTEL
Hirschfilet mit Pflaumenschaum 42

REGISTER

BEZUGSQUELLEN

ZUBEHÖR

Sahnegeräte, Sahnekapseln sowie ein attraktives Geschenkset aus Buch, dem Textur-
geber Centhazoon, dem richtigen Dosierlöffel für die aufgeführten Rezepte und verschiede-
ne Gläschen finden Sie in gut sortierten Haushaltsfachgeschäften sowie bei den folgenden
Anbietern (nicht alle angegebenen Quellen führen alle Artikel):

- www.webgourmet.de

- Pro-Idee GmbH & Co.KG | www.proidee.de

- Hagen Grote GmbH | www.hagengrote.de

- biozoon food innovations gmbh | Fischkai 1, 27572 Bremerhaven | www.biozoon.de/shop

- Karstadt Warenhaus GmbH

Hinweise auf Geschäfte in Ihrer Nähe erhalten Sie von der Firma ProfiGast e.K, Bochum
(www.profigast.de).

DOSIERLÖFFEL

Der in den Rezepten dieses Buches verwendete Löffel zum Dosieren des Centhazoons fasst
0,3 Gramm und ist unter www.biozoon.de/shop erhältlich.

ZUTATEN

Spezielle Zutaten wie Tonkabohnen oder Kakaopuder: Bos Food, www.bosfood.de

IMPRESSUM

© 2012 Neuer Umschau Buchverlag GmbH,
Neustadt an der Weinstraße

Wir danken der Firma LISS kft. für die freundliche Be-
reitstellung von Text und Bild.

www.liss.hu

Herausgeber
ProfiGast e.K., Jürgen Märkisch
Dr.C.-Otto-Str. 54 A, D-44879 Bochum
Tel.: 0049 (0) 23 45 79 50 81
Fax: 0049 (0) 23 45 79 50 82
E-Mail: profigast@profigast.de

www.profigast.de

Text, Rezepte und Überarbeitung
Sabrina Glasmacher und Martin Dittrich, Bremerhaven

Rezeptvorlagen
László Benke für LISS kft. auf den Seiten 26, 32, 40,
42, 52, 54, 56, 60, 84, 88, 90, 92, 94, 108 und 110.

Fotografie
Csigó László für LISS kft. auf den Seiten 14, 15, 27, 41,
43, 53, 55, 57, 85, 89, 91, 93, 95, 109 und 111.

eyecatcher mediendesign, Thomas Greinke, Bremerhaven, auf den Seiten 19, 21, 25, 29, 35, 37, 39, 45, 67,
87 und 103.

Fotolia (©fox17) auf den Seiten 7, 16/17, 30/31, 48/49,
64/65, 78/79 und 96/97.

Katharina Jäger, Frankenau, auf den Seiten 9, 11, 23, 33,
47, 51, 59, 61, 63, 69, 71, 73, 75, 77, 81, 83, 99, 101, 105
und 107.

Foodstyling
Sabrina Glasmacher und Martin Dittrich, Bremerhaven,
auf den Seiten 23, 33, 47, 61, 63, 69, 71, 73, 75, 77, 81,
83, 99, 101, 105 und 107.

Lektorat
Vanessa Herzog, Neustadt an der Weinstraße

Umschlaggestaltung und Layout
Tina Defaux, Neustadt an der Weinstraße

Herstellung und Satz
Birgit Wucher, Neustadt an der Weinstraße

Druck und Verarbeitung
Media-Print GmbH, Paderborn

Printed in Germany
ISBN: 978-3-86528-753-3

Besuchen Sie uns im Internet
www.umschau-buchverlag.de